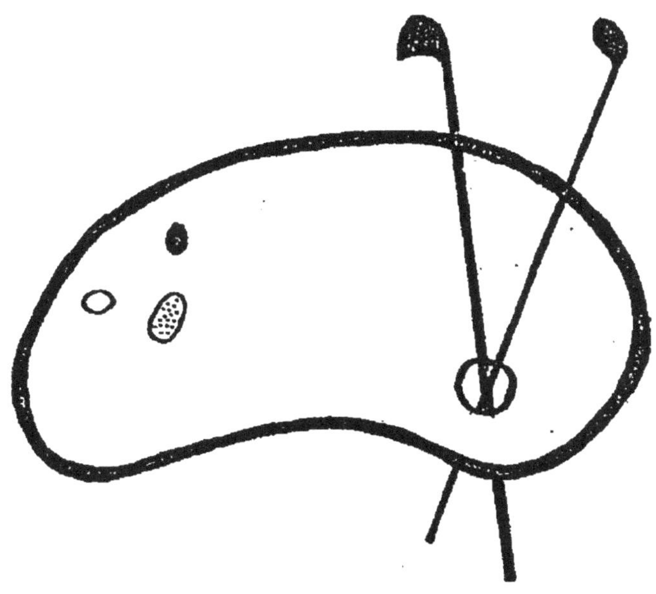

DÉBUT D'UNE SERIE DE DOCUMENTS
EN COULEUR

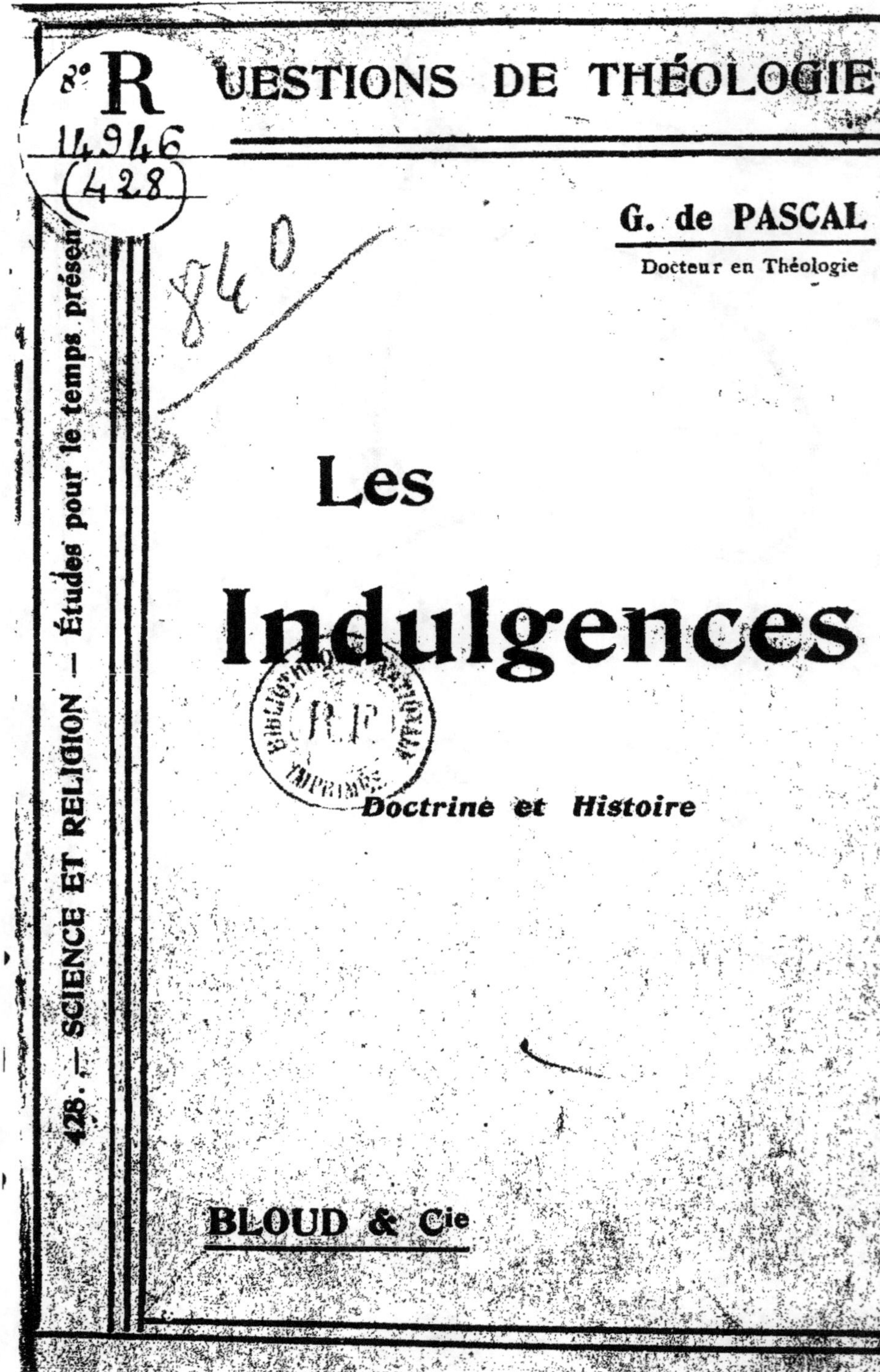

G. de PASCAL

Docteur en Théologie

Les Indulgences

Doctrine et Histoire

BLOUD & Cie

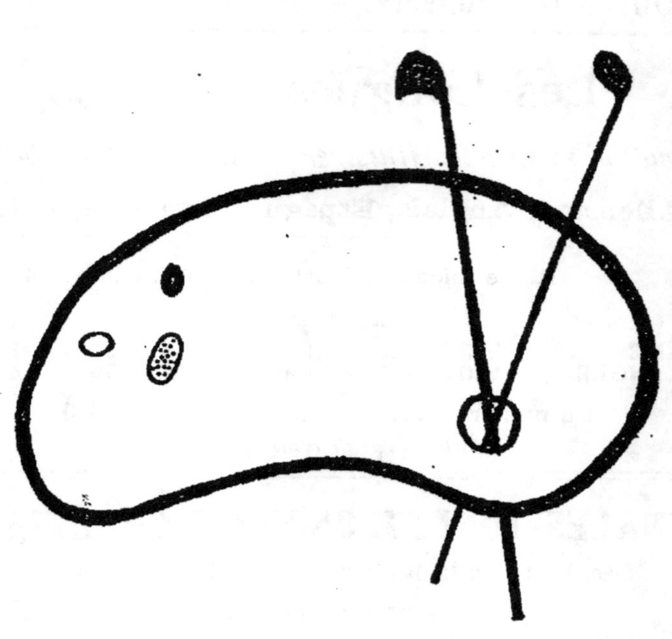

FIN D'UNE SÉRIE DE DOCUMENTS
EN COULEUR

LES INDULGENCES

Doctrine et Histoire

PAR

G. DE PASCAL

Docteur en théologie.

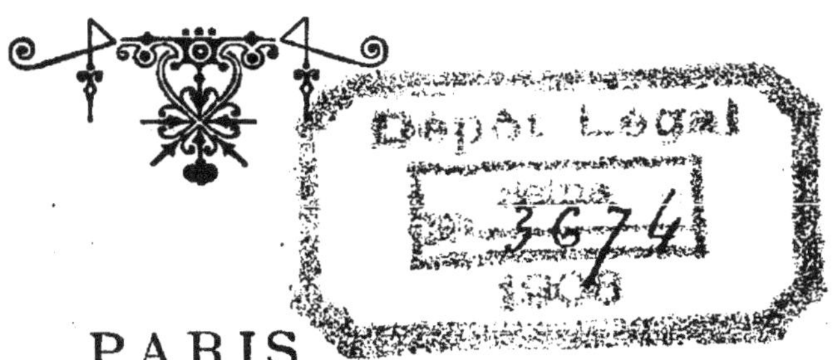

PARIS

LIBRAIRIE BLOUD & Cⁱᵉ

4, RUE MADAME, 4

1907

Reproduction et traduction interdites.

MÊME COLLECTION

LES INDULGENCES

CHAPITRE PREMIER

La Doctrine.

La question des *indulgences* a été défigurée par les protestants, et elle est souvent très mal comprise par les catholiques peu instruits.

Que la pratique des indulgences ait donné lieu à de grands abus, c'est ce que personne ne songe à contester ; qu'on en ait fait le motif ou plutôt le prétexte de la déplorable séparation qui s'opéra au xvie siècle, c'est ce qui ressort de l'histoire et c'est ce que l'on doit profondément regretter, car les abus quels qu'ils fussent, et que l'Église travaillait à supprimer, ne sauraient justifier l'hérésie qui en résulta. La meilleure manière de répondre aux accusations et d'éclairer l'ignorance sur ce sujet, c'est d'exposer simplement la doctrine de l'Eglise.

Rappelons d'abord quelques principes qui dominent toute la matière.

Il y a deux choses dans le péché : l'offense et la peine. Lorsque la miséricorde paye une première fois, dans le Baptême avec le sang de Jésus-Christ, la rançon du péché, la foi nous apprend que, non seulement l'offense est entièrement remise, mais aussi la peine. Si la mort saisissait à ce moment le fils régénéré d'Adam, et le jetait sur les marches du tribunal de Dieu, les portes du ciel lui seraient immédiatement ouvertes. Mais est-il juste, est-il conforme à la justice céleste, que Dieu reçoive de la même manière en sa paix, — c'est le Concile de Trente qui parle, — « ceux qui auront péché dans leur ignorance avant le Baptême, et ceux qui, après avoir été une fois délivrés de la servitude du péché et du démon, et avoir reçu le don du Saint-Esprit, n'ont pas craint de violer avec connaissance et de propos délibéré le temple de Dieu et d'attrister son esprit ? »

Toutes les législations frappent d'une peine plus sévère le coupable surpris en état de récidive. Aussi, rien de plus raisonnable, rien de plus légitime que les restrictions imposées à la miséricorde par la justice. Le pécheur se repent, il confesse sa faute, le pardon lui est octroyé, il est ainsi en possession de ses titres à l'héritage éternel, il échappe à l'enfer. Mais en remettant l'offense et le châtiment qui ne finit pas, la justice d'En-Haut, sauvegardant ses droits, impose presque toujours à ce fils trop oublieux de la première bonté divine, une expiation temporelle qu'il devra subir en ce monde ou dans l'autre. — C'est ce que faisait énergiquement et sensiblement comprendre la primitive Eglise par son régime pénitentiel.

L'acquittement de cette dette peut peser lourdement sur nos épaules, et c'est ici qu'intervient la doctrine si consolante des indulgences. La miséricorde et la justice ont des exigences qu'elles ne peuvent sacrifier ; il ne peut exister entre elles qu'un commerce d'échange : elles ne traitent, s'il est permis de parler de la sorte, que la balance à la main ; rien n'est concédé d'une part, qui ne soit compensé de l'autre. Or quel prix pourra solder cette dette de la pénitence, dont la miséricorde voudrait nous décharger en tout ou en partie ? Hélas ! nous sommes pauvres ; nous sommes plus que pauvres. Mais si obérés que nous soyons, si follement même que notre passé ait engagé notre avenir, notre ruine n'est jamais complète, ni surtout irréparable. Il en est de nous comme de ces fils de famille, dont la situation n'est jamais désespérée, parce que leur détresse trouve toujours dans l'opulence de leurs parents une ressource assurée contre les extrêmes poursuites de leurs créanciers.

Et nous aussi, nous avons une famille, nous avons de nobles parents : le Sauveur, Marie, les Saints. Certes, c'est là une illustre parenté, et éminemment riche. Quels trésors ! les larmes, les sueurs, le sang de Jésus-Christ, les douleurs de Marie, et, dans la suite des siècles, les immolations des saints, sous tous les glaives et sur tous les autels, immolations qui tirent leur prix et leur efficacité de leur union au grand sacrifice du Calvaire ! Quel luxe de souffrances, de renoncements, d'expiations ! Sans doute, je le sais, tous ces actes saints, héroïques ont trouvé dans le ciel leur récompense. « Mais dans les actes du Fils de Dieu fait homme, comme dans les œuvres surnaturelles de tous les hommes régénérés en Jésus-Christ, la théologie discerne une autre valeur distincte de celle de la bonté et des mérites, c'est une valeur de pénalité et de satisfaction. Ces deux valeurs ont cela de divers, que le mérite est une monnaie qui vaut pour acquérir, tandis que la satisfaction ne vaut que pour acquitter. Devant les Saints, la carrière qui s'ouvre est infinie, parce que l'échelle des ascensions dans la gloire n'a pas de terme : le rémunérateur ne sera jamais vaincu, ni dépassé par les droits acquis de sa créature. La satisfaction, au contraire, trouve des bornes dans celles de la dette qu'elle est destinée à acquitter : le Dieu vengeur n'a pas des exigences illimitées (1). »

Cela posé, remarquons que le Sauveur n'est pas seulement le saint par excellence, il est encore le type achevé du pénitent. « La souffrance a occupé une place immense dans la vie du Verbe incarné, et cette vie s'est terminée par la mort la plus douloureuse, la plus cruelle qu'aucun fils d'Adam ait jamais librement voulue et acceptée. Que dans les saintes douleurs du Christ, il y ait tout un côté de vertu et de mérite auquel correspond une rémunération magnifique dans la gloire, cela n'est pas douteux : les plaies de Jésus seront éternellement la partie la plus radieuse de son humanité glorifiée. Mais enfin, si le mérite se mêle et s'assimile volontiers à la souffrance, néanmoins la valeur propre et intrinsèque de la souffrance, c'est une valeur pénale, une valeur expiatoire et satisfactoire ; et, par conséquent, les souffrances infinies du Sauveur ont été une source d'infinies satisfactions, d'infinies expiations. Mais Notre-

____

(1) *Œuvres du cardinal Pie*, t. III, p. 72.

Seigneur Jésus-Christ, n'ayant jamais connu le péché, n'avait rien à expier et n'avait aucun besoin de satisfaire pour lui-même : l'innocence n'a rien à démêler avec la peine. De plus, la rançon du monde entier n'exigeait pas de lui ces excès de tourments. Un seul pleur de ses yeux suffisait pour laver toutes nos fautes et éteindre les flammes éternelles. Quel sera donc le fruit de tout ce surcroît de satisfactions ? Est-ce pour rien que l'adorable Victime aura outrepassé toutes les bornes ordinaires de la douleur, et mis dans le plateau de la balance divine des prix si grands ? (1) »

La même question se pose jusqu'à un certain point, et dans une certaine mesure, en ce qui concerne les satisfactions des Saints. Laissons la parole à un grand Evêque de notre temps, honneur de l'Eglise de France au siècle dernier, et dont Pie IX avait coutume de dire que sa doctrine « était la théologie du ciel traduite dans la poésie de la terre ».

« Parmi les saints, il en est beaucoup qui ont enduré et souffert par delà l'obligation qui les atteignait. Que nul fils de la race humaine, si vous en exceptez la Très Sainte Vierge Marie, Mère de Dieu, ne soit libre d'engagements à la douleur à cause du péché, nous en convenons. Mais enfin, Dieu est juste, et l'essence même des rapports nous assure que la peine est toujours proportionnelle à la faute. Qui osera dire que les supplices de la radieuse époque des martyrs n'étaient que l'exacte application des peines que

(1) Cardinal Pie, *op. cit.*, p. 72 et 73.

ceux-ci avaient encourues ? La violence des tourments était-elle donc une conséquence de l'état
moral antérieur des glorieux suppliciés ? Qui
endurait plus de combats, avait donc été jadis plus
coupable ? Et combien de vierges pures, de saints
vieillards, de solitaires innocents, de fidèles en un
mot, de toute condition, chez lesquels la pratique
des souffrances fut une tradition sainte, cultivée,
non à cause de la nécessité, mais sous les dictées
de l'amour ! Voudrait-on que cette prodigalité fût
en pure perte ? Il faut nécessairement qu'un
pareil luxe de pénitences ait son motif quelque
part. Ce qui dans le corps naturel est surchar-
geant devient un obstacle à la force, un empêche-
ment à la beauté : dans le corps mystique il en
serait de même. Dieu n'a pas mis dans son Eglise
un inexplicable génie de la douleur (1). » Et je me
plais à citer les vieux maîtres de notre épiscopat :
« L'idée d'une seule bonne souffrance perdue
serait plus sinistre que l'anéantissement subit
d'une étoile dans le ciel. Que deviendrait l'ordre
moral, si l'on ne croyait pas à l'éternité de la plus
petite parcelle de bien, si, tandis qu'il n'est pas un
grain de poussière qui s'anéantisse dans l'espace,
il fallait penser que dans l'essence de Dieu il y a
des abîmes où des trésors de sainteté vont s'en-
gloutir et se perdre ?

« Le plus petit atome n'est pas inutile aux autres
atomes dans la plus imperceptible des fonc-
tions qu'il exerce : une faible vapeur exhalée par
la terre s'en va porter par des chemins que Dieu

____

(1) Mandement sur les Indulgences, de Mgr Berteaud, évêque de
Tulle.

lui a tracés son tribut à un réservoir suspendu dans les airs d'où descendra la pluie et la fécondité. Le principe d'union agit pourtant avec moins de force dans l'ordre matériel que dans l'ordre spirituel ; car si les corps se combinent, les âmes se pénètrent. Tout ce qui est bon pour un membre d'une famille étroitement unie est un bien pour tous les autres : chacun d'eux en ressent comme l'heureux contrecoup. Et pourtant, dans l'ordre des affections purement humaines, le principe d'union agit avec moins de force que dans l'empire de la charité. Dans la charité, il y a l'attraction moins la matière ; l'unité moins l'égoïsme : il y a tout ce qui unit, moins tout ce qui sépare. C'est, suivant la prière du Christ à son Père, c'est l'union qui n'a au-dessus d'elle qu'union infinie ! *Qu'ils soient un comme nous le sommes !* Serait-il possible de croire que le principe d'union devient moins efficace à mesure qu'il est plus divin (1) ? »

Aussi bien cette doctrine n'est-elle pas éminemment rationnelle et en harmonie avec la haute idée que nous pouvons nous former de la justice ? Une offense peut quelquefois exiger une forte réparation ; mais si des amis s'interposent, ils ménagent une réconciliation, pourvu que l'offenseur reconnaisse ses torts et exprime sincèrement ses regrets. La loi infligerait un châtiment sévère; la miséricorde condescend et pardonne: néanmoins une peine plus légère et plus courte est imposée pour satisfaire à la justice.

Il en est de même dans l'ordre divin; lorsque

____

(1) Mgr Gerbet, *Vues sur le dogme de la pénitence,* chap. viii.

Dieu décharge le pécheur du poids d'un châtiment éternel, il paraît convenable qu'on répare l'outrage fait à sa souveraine majesté, par des actes extérieurs qui expriment le regret et qui ont pour but d'apaiser sa colère et de détourner les punitions qu'il tient en réserve. C'est ce qu'avait bien compris l'Eglise primitive, comme on peut s'en convaincre d'après l'ensemble des règles connues sous le nom de *canons pénitentiaux ;* c'est ce qu'expriment *sacramentellement* les quelques œuvres de pénitence imposées dans la confession, comme partie de la satisfaction. Cette satisfaction, qu'on l'entende bien, est loin d'exclure les mérites de Jésus-Christ, et d'inspirer au pécheur une trop grande confiance en lui-même.

« La satisfaction que nous faisons pour le péché n'est point tellement nôtre — dit le Concile de Trente, — qu'elle ne soit pas de Jésus-Christ ; car ne pouvant rien de nous-mêmes, comme de nous-mêmes, nous pouvons tout en Celui qui nous fortifie. L'homme n'a rien de lui-même dont il puisse se glorifier ; mais toute notre gloire est dans le Christ en qui nous vivons, en qui nous méritons, en qui nous satisfaisons, en produisant de dignes fruits de pénitence (1). »

C'est donc une idée très chrétienne que de considérer les satisfactions du Sauveur et.des saints comme formant un trésor à l'adresse de tous les fidèles. Nous trouvons cette idée exprimée dans la doctrine catholique des indulgences. — Elle est fondée sur le dogme de la *communion des saints,*

_____

(1) Concil. Trid., Sess XIV.

et sur le principe de la communauté des biens dans l'ordre spirituel. Cet article de foi qui s'entend d'une communication, d'une participation surnaturelle des bonnes œuvres de tout genre entre les membres de l'Eglise implique principalement la doctrine de l'indulgence, laquelle consiste dans l'application faite à l'un d'une valeur qui est de surérogation dans un autre — car, bien que les mérites de chaque fidèle ne soient pas si exclusivement personnels, que par une certaine convenance et moyennant l'intervention de la prière, ils ne puissent, en même temps, profiter au prochain ; toutefois les mérites proprement dits sont personnels et inaliénables, et la communion des saints, en ce qui les concerne, ne comporte pas l'échange libre, encore moins la donation ou cession absolue.

Nul ne peut se déposséder au profit d'un autre d'un seul atome de la gloire *méritée :* dans cet ordre, on ne peut mériter rigoureusement la grâce pour autrui, et tout l'effort de la charité doit se borner à intervenir par la voie de la prière. Mais, s'il s'agit des *satisfactions,* la communauté de ces sortes de *valeurs* ne rencontre aucun obstacle. Entendons, là-dessus, l'explication la plus authentique et la plus lumineuse du Concile de Trente : « On ne saurait assez louer, assez remercier la souveraine bonté et clémence de Dieu, qui, par égard pour l'infirmité humaine, a voulu qu'un chrétien constitué en grâce pût satisfaire à la place d'un autre chrétien également justifié. Cette prérogative est particulière à la satisfaction : car nul ne peut substituer sa contrition et sa confession personnelle à la contrition et à la confession d'autrui ; mais les justes peuvent solder à Dieu au nom de leurs frères ce qui lui est dû par eux, et c'est ainsi qu'il nous est donné de porter les fardeaux les uns les autres. Le symbole des apôtres en nous faisant professer la croyance à la communion des saints, ne laisse aucun doute à cet égard. En effet, étant tous unis à Jésus-Christ par les vertus purifiantes d'un même baptême, étant admis aux mêmes sacrements, étant nourris et abreuvés par le corps et le sang de Jésus-Christ d'une même nourriture et d'un même breuvage, il est manifeste que nous sommes les membres d'un même corps. Or, de même que le pied ne se meut pas seulement à son usage, mais aussi à l'usage des yeux et que les yeux pareillement ne voient pas seulement pour leur propre utilité, mais pour celle de tous les membres ; ainsi toutes les œuvres profitent-elles et les satisfactions peuvent être considérées comme profitables à tous les membres nécessiteux de la communauté chrétienne (1). »

Le comte de Maistre a exposé toute cette doctrine avec la verve originale qu'on lui connaît : « Nos frères séparés nous ont contesté ce principe de la *réversibilité,* comme si la Rédemption qu'ils admettent avec nous était autre chose qu'une grande indulgence, accordée au genre humain par les mérites de l'innocence par excellence, volontairement immolée pour lui. Ils ont dit : l'Homme-Dieu a payé pour nous ; donc, nous n'avons pas besoin d'autres mérites ; il fallait dire : donc, les

_____

(1) *Catech. conc. Trid.,* P. II, 89-91.

mérites de l'innocent peuvent servir au coupable... Quel superbe tableau que celui de cette immense cité des esprits avec ses trois ordres toujours en rapport : le monde qui *combat* présente une main au monde qui *souffre* et saisit de l'autre celle du monde qui *triomphe*. L'action de grâces, la prière, les satisfactions, les secours, la foi, l'espérance et l'amour circulent de l'un à l'autre comme des fleuves bienfaisants. Rien n'est isolé, et les esprits, comme les lames d'un faisceau aimanté, jouissent de leurs propres forces et de celles de toutes les autres, et quelle belle loi que celle qui a uni deux conditions indispensables à toute *indulgence* ou *rédemption secondaire :* mérite (le mot rigoureusement propre serait *satisfaction*) surabondant d'un côté ; bonnes œuvres prescrites et pureté de conscience de l'autre ! Sans l'œuvre méritoire, sans l'*état de grâce,* point de rémission par les mérites de l'innocence... les aveugles ou les rebelles peuvent donc contester tant qu'ils voudront le principe des *indulgences ;* nous les laisserons dire ; c'est celui de la réversibilité ; c'est la foi de l'univers (1). »

A la lumière de ces explications, on comprendra facilement la portée de cette définition de l'indulgence : c'est la remise faite, — par l'autorité de l'Eglise, et moyennant certaines conditions, — en dehors du sacrement de Pénitence, de la peine temporelle due au péché déjà pardonné.

(1) *Soirées de Saint-Pétersbourg,* X° Entretien.

CHAPITRE II

L'autorité de l'Eglise en matière d'indulgences.

Supposons une société qui serait fondée sur la communauté des biens de ce monde, l'ordre exigerait impérieusement qu'une autorité supérieure réglât, moyennant certaines conditions, la distribution des produits selon les œuvres de chacun ; ainsi en doit-il être dans l'Eglise quant à la communauté des biens spirituels. Sans doute, les satisfactions surabondantes du Sauveur et des saints nous sont en principe applicables pour l'acquittement de la peine temporelle due à nos péchés déjà pardonnés ; mais elles ne nous sont appliquées en fait que par la concession de ceux qui ont juridiction à cet effet, et moyennant l'accomplissement des conditions stipulées dans l'acte de cette concession libérale. — L'anarchie n'est pas le régime du royaume de Dieu, et la rémission de la peine, comme la rémission de la faute, s'opère d'après un mode divinement établi. Comme Notre-Seigneur Jésus-Christ ne nous communique la vertu de son sang pour la réconciliation de nos âmes que par l'intermédiaire de ceux qu'il a établis ministres des sacrements, ainsi, il ne nous fait participer au bienfait des satisfactions surabondantes que par l'autorité de ceux qui sont préposés à la disposition de ce trésor.

Le dépôt divin dont l'administration est remise à l'Eglise, si nous le considérons en tant qu'il est la source de l'efficacité des sacrements et le réservoir de la grâce avec toutes ses explications et sous toutes ses formes, contient une somme précise des mérites et des satisfactions du Rédempteur. Chacun des sacrements ne renferme et n'applique à nos âmes que la vertu du sang de Jésus-Christ. « Les saints, dit très bien l'évêque de Tulle, ne mettent rien du leur sous cet admirable signe ; comme c'est par lui que l'âme est éclairée et constituée à l'état divin, comme c'est par lui qu'elle reçoit la grâce et par conséquent la gloire, il est clair que la simple créature ne peut apporter aucun élément à une cause d'où doivent venir des effets pareils. Et parce que le sacrement est régulièrement nécessaire, il était conforme à la volonté toute bonne de Dieu que le ministre des sacrements fût d'un accès facile. »

Aussi trouvons-nous des prêtres répandus sur tous les points du globe chrétien, prêts à répandre sur nous les ondes vivifiantes de la grâce. Et même s'il s'agit du premier des sacrements, de celui qui est de nécessité de moyen, du baptême, le Sauveur a voulu qu'en cas d'urgence tout être humain fût apte à le conférer. La prière étant nécessaire pour le salut, et le sacrement donnant, augmentant, rendant la grâce, il était bon que le ministre du sacrement fût multiplié en proportion de la nécessité plus ou moins grande de chaque sacrement.

« Mais il en est autrement de l'indulgence : elle n'a ni le même objet, ni les mêmes fins, ni la même nécessité que le sacrement ; c'est pourquoi l'organe et le mode de la dispensation sont différents. Simple remise de la peine temporelle, elle suppose le péché pardonné et ne le pardonne pas ; elle suppose la paix acquise et ne la confère pas. Ce n'est donc pas dans le dépôt de la grâce que se prend l'indulgence. Ce que nous nommons proprement le trésor de l'Eglise se compose d'abord du reliquat infini des satisfactions de Notre-Seigneur Jésus-Christ, considérées après le prélèvement fait de ce qui en a été nécessaire pour suffire à la rédemption générale et à la sanctification particulière de tous les hommes. Ce trésor se compose en outre des satisfactions immenses de la bienheureuse Vierge Marie, et de toutes les satisfactions des saints qui n'ont pas été nécessaires à l'acquittement de leurs propres dettes, et dont ils n'ont pas disposé eux-mêmes en faveur de leur prochain pendant qu'ils étaient sur cette terre (1). »

La foi nous enseigne que toutes ces valeurs « qui ne peuvent demeurer infructueuses, inutiles et superflues, Jésus-Christ, comme un père prévoyant et miséricordieux qui thésaurise pour ses enfants, en a formé le trésor de l'Eglise mili-

____

(1) Cardinal PIE, *loc. cit.*, p. 88.

tante, ressource inépuisable dont ceux-là seuls peuvent profiter qui sont en possession de l'amitié de Dieu. Et ce trésor, il n'a pas voulu que, comme le marc d'argent du méchant serviteur, il demeurât enveloppé dans un mouchoir, ni enfoui dans un champ, mais il l'a remis à ses vicaires en terre, c'est-à-dire au bienheureux apôtre Pierre, le porte-clefs du Ciel, et à ses successeurs, pour être salutairement dispensé par eux aux fidèles, et employé à la remise totale ou partielle de leurs peines temporelles par une concession générale et spéciale, faite pour des causes justes et raisonnables et selon qu'ils le jugeront expédient devant le Seigneur (1). » Ce sont les propres paroles de la célèbre constitution de Clément VI, insérée au corps du droit, et qui est le principal monument de la tradition ecclésiastique en cette matière.

Pour peu qu'on ait quelque connaissance de la constitution de l'Eglise, rien de plus aisé à comprendre que cette doctrine. A qui, dans les royaumes de la terre, appartient le droit de commuer ou de remettre les châtiments, sinon au Souverain ? Sur les différents points du territoire sont établis des juges qui rendent la justice aux citoyens, qui absolvent ou qui condamnent, qui infligent des peines proportionnées aux fautes, qui fixent les indemnités et les amendes. C'est un office très haut et très honorable ; mais la clémence n'appartient qu'au prince ; c'est le plus beau fleuron de sa couronne ; c'est la prérogative royale par excellence. Et alors même que le roi reconnaîtrait à

____

(1) *Bulla Unigenitus.*

quelques hauts dignitaires, un certain droit de pardon, ce ne serait qu'avec restriction et en se réservant la plénitude de cette grande attribution de la miséricorde qui fait du prince l'image vivante de Dieu sur la terre.

Ainsi en est-il dans le royaume de Dieu, dans l'Eglise. Comme Clément VI nous l'apprend dans sa bulle *Unigenitus*, c'est à Pierre seulement et à ses successeurs que le trésor des satisfactions surabondantes a été confié ; lui seul en a la dispensation plénière et universelle ; c'est la royale prérogative de sa dignité souveraine.

Sur tous les points du monde, des prêtres médiatement ou immédiatement investis par lui de la juridiction et revêtus d'un caractère sacré, exercent la magistrature divine des âmes absolvant ou retenant les péchés, mais, dans tous les cas, imposant de justes pénitences, enseignant la nécessité d'œuvres satisfactoires, et se reconnaissant obligés de laisser aux règles de la justice leur cours ordinaire. Au-dessus d'eux, se trouvent les évêques qui sont établis par le Saint-Esprit pour régir, chacun en ce qui le concerne, l'Eglise de Dieu, et qui, une fois investis de la juridiction par le pontife romain exercent sur un territoire déterminé, une royauté participée et subordonnée. Il est vrai, une si haute dignité demandait quelque participation de la prérogative souveraine ; c'est aussi pourquoi les saints canons et les sanctions apostoliques reconnaissent aux évêques le droit ordinaire et non délégué de concéder l'indulgence dans une mesure restreinte. Mais la limitation extrême de leur puissance, à cet égard, ne fait que mieux ressortir l'institution divine qui attribue seulement au chef suprême de l'Eglise cette sorte de juridiction toute gracieuse. Pierre seul a reçu un pouvoir absolu de délier comme de lier, un pouvoir absolu de gouverner, et la tradition nous enseigne que la faculté de puiser à pleines mains dans le trésor spirituel de l'Eglise et d'absoudre les pénitents des peines temporelles en substituant à leurs propres satisfactions celles du Sauveur et des saints, n'est comprise que dans l'absolu pouvoir de délier et de gouverner qui a été dévolu à Pierre (1). »

D'une pareille disposition les théologiens aiment à faire ressortir les hautes convenances.

Au chef de la communauté, remarquent-ils, il appartient de régir les biens de la communauté ; c'est à lui seul qu'il appartient d'en disposer. A l'époux est dévolu le droit d'administrer le bien de l'épouse, de veiller et de présider aux transactions, aux échanges et aux remplois des diverses valeurs. Or, les satisfactions surabondantes du Sauveur et des saints, ce sont les biens de toute la communauté chrétienne ; ce sont, comme parle le Concile de Trente, les célestes richesses de l'Eglise. Le Pape seul est le chef et l'Epoux visible de l'Eglise universelle ; à lui seul donc il appartient d'administrer ce riche fonds de réserve ; à lui de subvenir à la détresse de quelques-uns des membres de la communauté au moyen des épargnes et des richesses surabondantes des autres ; à lui de transporter miséricordieusement aux nécessiteux le surplus

(1) Cardinal PIE, *loc. cit.*, p. 90.

des riches ; à lui enfin le droit de faire grâce au
débiteur en acquittant sa dette devant Dieu sur un
autre fonds. En outre, comme dit Suarez, Jésus-
Christ, en donnant à son vicaire en terre ce grand
attribut de la clémence, a voulu lui rattacher tous
les cœurs par un lien plus étroit de dépendance,
de gratitude et d'amour (1).

(1) Suarez, *De Sacramen.*, P. II, Disp. 49, Sect. I.

CHAPITRE III

Conditions et effets des indulgences.

On connaît l'objection courante mille fois répétée et mille fois réfutée sur les indulgences. — L'indulgence ! c'est le pardon accordé aux pires fautes, moyennant certains actes en eux-mêmes sans valeur, et qui, trop souvent, n'ont d'autre but que de remplir les coffres du clergé. Il y a dans ces dires la preuve d'une ignorance crasse ou d'une insigne mauvaise foi. Faut-il donc le redire : La première de toutes les conditions pour gagner l'indulgence, c'est un vrai repentir de ses fautes, c'est une sincère conversion, c'est une contrition sérieuse et profonde.

On l'a dit avec raison : on ne cueille le fruit de l'indulgence qu'à la condition d'avoir rompu avec le péché, nul ne moissonne dans ce champ qu'il ne soit renouvelé jusque dans le fond de son âme. Les impurs, les violents, les hommes injustes, les mauvais riches, les pauvres haineux n'ont pas de gerbe à prendre ici. Qui veut y faire la récolte doit commencer par être juste. Représentez-vous le monde entier épris d'enthousiasme pour l'indulgence plénière d'un jubilé, vous serez sûr que la contrition a broyé le mal dans toutes les consciences, qu'une foule d'injustices ont été réparées. Et l'évêque de Tulle résume en quelques mots sobres et substantiels cette première condition : « Avant de s'approprier les précieuses satisfactions incluses dans le trésor, il a fallu réaliser par des actes une profession de foi sur l'ensemble de la pénitence. Les dons de Dieu ne sont pas livrés sans discernement. » Supposons une société dont les membres s'appliqueraient à se conformer aux dispositions requises pour le gain des indulgences, quels changements ! N'est-ce point un des coryphées de la secte philosophique du xviiie siècle qui disait en parlant du jubilé de 1776 : « Le jubilé nous a fait reculer d'un demi-siècle, encore un jubilé et notre cause est perdue. »

L'indulgence n'est donc point, comme nous l'impute l'hérésie, une décharge imprudente de la faute, une sorte de blanc-seing donné au pécheur, moyennant certaines conditions illusoires.

Certains, peu au courant de la terminologie canonique, ajoutent que parfois on rencontre ces mots : *rémission des péchés,* dans les formules d'indulgence. Il n'y a là lieu à aucune difficulté, si l'on se reporte aux usages primitifs. Il y avait autrefois deux sortes de rémission : la rémission sacramentelle, qui n'était autre que l'absolution de la faute intérieure, dans le tribunal secret de la pénitence, et la rémission donnée en face de l'Eglise, et qui n'avait point lieu avant l'entier accomplissement de la satisfaction publique; c'était l'acte qui y mettait fin. Or, par les indulgences, l'Eglise n'a point en vue la culpabilité intérieure ou le châtiment éternel encouru par le péché, mais seulement la peine temporelle et une expiation nécessaire. Lors donc qu'on dit de l'indulgence qu'elle est la rémission ou le pardon du péché, cette expression ne doit s'entendre que de la faute extérieure, de cette partie du péché qui était du ressort des anciens canons pénitentiaires. Au reste ce point est mis hors de doute par la pratique de l'Eglise qui prescrit la confession et la communion, c'est-à-dire l'état de grâce, comme préparation indispensable à la réception de l'indulgence. La rémission du péché doit donc précéder la participation à toute faveur de ce genre. Que certains prédicateurs peu éclairés ou imprudents, ne se soient pas toujours expliqués avec toute la clarté désirable, il se peut, mais ce serait faire preuve d'un singulier esprit de justice, que de rendre l'Eglise responsable d'excès et d'abus qu'elle s'est toujours appliquée à réprimer et à faire disparaître, comme on le voit par une instruction de Clément V et par l'enseignement du Concile de Trente.

A cette condition première et essentielle de l'état de grâce, sont jointes certaines autres conditions, l'accomplissement de bonnes œuvres, comme la prière, le jeûne, l'aumône, « ternaire sacré, ainsi que parle saint Raymond de Pennafort, qui sont imposés comme moyens d'une nécessité absolue, et opposent leur vigueur aux violences du ternaire impie. Il y a trois concupiscences dans le cœur humain, pernicieuses facultés qui engendrent tout le mal ; contre l'orgueil est décrétée la prière qui abaisse l'esprit devant Dieu ; le jeûne est le dominateur de la chair encline aux molles jouissances ; et l'aumône gagne des victoires sur l'avarice acharnée à la richesse matérielle (1). »

Le Pape n'est pas un dissipateur ; il est un sage et prudent administrateur des richesses communes de l'Eglise. Aussi n'ouvre-t-il le trésor que sur des motifs raisonnables, proportionnés à la valeur des distributions qu'il va faire. Tous ces motifs doivent en définitive se rapporter au bien général et spirituel de l'Eglise. Quand les papes accordaient des indulgences pour la conquête de la Terre Sainte, pour la croisade contre l'islamisme, pour la défaite de l'hérésie, quoique le but immédiat de ces concessions fût de l'ordre temporel, au demeurant, c'était la cause des âmes qu'ils protégeaient, c'était la fortune de l'Eglise qu'ils défendaient. Bien plus, ils ont pu très légitimement donner des indulgences pour la construction des églises et des hôpitaux ; car de ces œuvres de pierre résultait un grand bien pour les âmes. « Si la basilique est l'école de la moralité et de la perfection sociale, elle est bien mieux encore le lieu de la science qui fait les saints.

L'hôpital tel que l'a conçu le christianisme n'est pas un dispensaire : c'est la maison divine où sont étalées les souffrances du Verbe incarné. Pendant que le pauvre malade y prend avec la patience de Jésus-Christ de très nobles orgueils, le chrétien de choix ambitionne d'y être admis

---

(1) Ev. de Tulle, *op. cit.*

pour panser les plaies de Dieu. A de telles immolations les âmes profitent surnaturellement et
beaucoup. Dans un hospice chrétien il y a plus
que des chairs guéries et des dévouements terrestres. Les ponts eux-mêmes dont la destination paraît si exclusivement temporelle, ont pu
être bâtis aux instigations de l'Eglise ; celle-ci en
mettant son trésor à l'usage des maçons hardis,
ne payait pas de monnaie divine un travail
étranger. Sans doute, on lui doit des éloges pour
avoir stimulé les peuples indifférents ; sans elle
une époque faible n'aurait su se tourner contre la fière nature et la vaincre. L'Eglise a
ouvert une voie où les modernes se pavanent,
oublieux et ingrats. Mais encore, elle avait en
cela des buts meilleurs : elle voyait les âmes,
englouties par les torrents, descendre sans bénédiction ni prières aux abîmes de l'éternité ; elle
leur procurait donc des galeries solides pour la traversée des grandes eaux, afin qu'il leur restât le
temps et le calme nécessaires aux préparations de
l'infini avenir (1). »

Les causes ordinaires de la publication des
indulgences sont la paix de l'Eglise, ses triomphes, ses épreuves, le besoin d'exciter les peuples
à la pratique des devoirs religieux, le recours à
Dieu dans les calamités populaires. Quoi de plus
raisonnable, de plus chrétien, de mieux justifié !

Il n'est pas rare d'entendre exprimer quelques
doutes sur la concession aujourd'hui plus large et
plus fréquente que dans la discipline antique de

____

(1) Ev. de Tulle, *op. cit.*

ces saintes libéralités. Il ne sera donc pas inutile de répondre à cette sorte d'objection par quelques considérations générales.

Nous savons que le sacrement de pénitence n'a pas en lui-même une vertu égale à celle du baptême, et qu'il laisse après lui de rigoureuses satisfactions à subir en ce monde ou dans l'autre. Aussi, la sainte Eglise, dans les premiers siècles, imposait-elle aux pécheurs réconciliés des peines canoniques dont la gravité et la durée nous semblent effrayantes. Les anciens chrétiens, très pénétrés de cette doctrine de l'expiation, étaient animés d'une ardeur prodigieuse pour l'exercice volontaire de la pénitence ; ils prolongeaient les veilles et les jeûnes, multipliaient les abstinences et s'infligeaient des macérations de toutes sortes. C'est dans la même pensée que les Conciles, même les plus rapprochés de nous, ont voulu prémunir les confesseurs contre une facilité excessive en matière de satisfactions. Ecoutons le concile de Trente : « Il faut que les prêtres du Seigneur, autant que le Saint-Esprit et la prudence le suggéreront, infligent des pénitences salutaires et convenables, selon la qualité des crimes et les forces des pénitents, de peur qu'en connivant au mal par excès d'indulgence, et en imposant pour de très griefs péchés des peines et des œuvres très légères, ils ne participent aux fautes d'autrui et ne s'en rendent complices. Qu'ils aient donc devant les yeux la nécessité de prescrire une satisfaction qui ne serve pas seulement de précaution contre les péchés à venir ou de remède à la faiblesse, mais encore de vengeance et de châtiment aux

péchés passés, puisque les anciens Pères croient
et enseignent que les clefs, qui sont mises entre
les mains des ministres de Jésus-Christ, ne leur
sont pas seulement données pour absoudre, mais
encore pour lier (1). »

Tels sont les principes de l'Eglise. Or, quand
nous considérons l'état actuel des choses, n'est-il
pas évident qu'en ce qui regarde la satisfaction
nous sommes bien au-dessous de nos pères?
Quelles que soient les exceptions qui se peuvent
rencontrer dans les cloîtres, ou chez quelques
chrétiens, il est clair que la plupart des fidèles
sont non seulement étrangers à toute initiative de
sanctification spontanée, mais ils demandent grâce
à chaque instant pour les prescriptions les plus
bénignes de la loi ecclésiastique ; et l'Eglise, mère
compatissante, après s'être relâchée à l'égard
des particuliers de la rigueur de ses anciens
canons pénitentiaux, adoucit chaque jour de plus
en plus sa discipline générale, et multiplie les
dispenses en ce qui est des abstinences et des
jeûnes. Cette même facilité s'est étendue jusqu'au
tribunal de la pénitence, et le ministre de Dieu
par la crainte d'effrayer et de rebuter notre faiblesse, n'impose presque plus d'œuvres tant soit
peu onéreuses et difficiles. On peut donc dire qu'il
y a, sinon défaillance complète, du moins affai-
blissement considérable dans la pratique de la
satisfaction personnelle. Cela étant, ou bien il
faut que l'Eglise, en nous déchargeant — par une
miséricorde cruelle — de presque toutes les sévé-

____

(1) Sess. XVI, c. 8.

rités de la pénitence en ce monde, se résigne à nous livrer à tous les tourments en purgatoire, ou bien il faut que, comme compensation à cette condescendance, elle nous offre d'autres moyens plus doux de satisfaire aux exigences inflexibles de la justice divine. C'est ce qu'elle fait en nous offrant plus largement l'Indulgence.

Enfin, la loi chrétienne étant une loi de grâce et d'amour, les effusions de la miséricorde et du pardon devaient naturellement y devenir de plus en plus abondantes jusqu'à la fin des siècles. « Sans doute, l'Indulgence fut dispensée dans l'Eglise dès les premiers jours ; les lignes traditionnelles de cette pratique se montrent vivement aux regards non prévenus. Il faut avouer néanmoins qu'il en fut fait un moindre usage dans les commencements. C'est que l'Indulgence n'est pas tant une nécessité des âmes, qu'un allègement octroyé par la miséricorde. Dès lors, l'application en doit être ordonnée d'une manière intelligente. Aux époques primitives du christianisme, en face de ces gentils dégradés, et plus tard au milieu des barbares, il était d'une sage souveraineté de distribuer parcimonieusement de pareils titres. Il fallait refaire la nature humaine, dompter ce qui était rude, assainir ce qui était flétri. Ces travaux pénitentiels étaient un vaste procédé de restauration auquel les hommes d'alors devaient s'employer personnellement. Par là, le sang, la chair, l'esprit, les mœurs, tout s'épurait, se fortifiait, se redressait. Et quand l'homme, repétri en quelque sorte, se produisit sous des aspects meilleurs, il fut possible de le relever de son long labeur de satisfaction, en le conviant plus que jamais à des travaux entrepris par amour, dignes de son caractère éminemment surnaturalisé (1). »

Ne l'oublions pas : L'effet propre de l'Indulgence est la rémission de la peine temporelle et non la rémission du péché. La rémission de la peine peut être totale ou partielle : de là la distinction entre l'indulgence *plénière*, — dont le *Jubilé* est l'expression, la forme la plus solennelle et la plus *sociale*, — et l'indulgence partielle. Pour comprendre les formules sous lesquelles elles sont concédées, il faut se reporter à l'ancienne discipline. Ces formules expriment commodément et nettement l'étendue de la faveur accordée : ainsi, « cent jours d'indulgences » signifient que l'Eglise remet, en réalité et devant Dieu, une quantité de peines temporelles égales à celles que l'ancienne discipline imposait pendant cent jours pour des fautes déterminées ; sept ans et sept quarantaines d'indulgences équivalent à sept années et sept carêmes de la même pénitence canonique ; — à quelle durée des peines du Purgatoire correspond ce temps de pénitence canonique ; c'est le secret de Dieu, mais ce serait une grave erreur de croire que les Indulgences ne sont que la rémission des peines canoniques aujourd'hui tombées en désuétude ; qu'elles n'ont en réalité aucune valeur aux yeux de Dieu, et qu'on doit seulement leur reconnaître une importance cérémonielle et purement archéologique. En ce qui touche l'indulgence *plénière*, il est évident que les hommes même bien disposés ne la gagnent pas toujours pléniè-

(1) Ev. de Tulle, *op. cit.*

rement, à cause de quelque péché véniel ou de quelque attache à ces fautes légères ; — dans ce cas, la rémission de la peine temporelle accordée aux péchés déjà remis est acquise, mais non celle que méritent encore les quelques fautes légères qui restent à remettre. Certains estiment qu'il n'y a pas de milieu entre le gain complet d'une Indulgence plénière et son néant absolu ; mais c'est là une idée qui ne s'appuie sur aucun fondement solide. Peut-on croire que le Chef de l'Eglise, de l'intention duquel dépend l'étendue de l'Indulgence, ait la volonté de rendre illusoire pour un grand nombre de fidèles, ces grandes indulgences, en les abaissant au-dessous de la moindre indulgence partielle ? La consolante doctrine de la communion des saints nous conduit à penser — et c'est là la foi de l'Eglise — que les indulgences peuvent être appliquées aux fidèles défunts encore retenus au Purgatoire. Sous quel mode précis se fait cette application, c'est là une question laissée aux discussions des théologiens. Son effet est certain, mais s'il s'agit de l'application de toute la valeur de l'indulgence à une personne déterminée, l'on ne peut pas dire qu'elle est infaillible, car certaines raisons de la sagesse et de la justice divine peuvent l'empêcher : il faut s'en rapporter à la toute miséricordieuse bonté de Dieu.

Plusieurs questions d'ordre pratique se poseraient ici ; mais ces questions ne rentrent pas dans le cadre de notre travail, et nous renvoyons le lecteur, pour les éclaircir, aux *Manuels* autorisés sur la matière.

CHAPITRE IV

La Tradition.

L'Eglise n'invente pas les doctrines, elle les reconnaît, elle les trouve dans le dépôt qui lui a été confié, et elle les met en lumière, à l'heure voulue. De nos jours, cette étude si curieuse et vraiment passionnante de la *vie* de nos dogmes a été tout particulièrement cultivée, et l'*indulgence* nous offre un exemple intéressant du développement harmonieux de la doctrine.

Si l'on admit anciennement que la peine temporelle réservée au péché pouvait être remise au pécheur par l'accomplissement volontaire d'actes de pénitence, il est clair que toute autre substitution faite à ces actes et acceptée comme leur équivalent par l'autorité qui les recommandait et qui les imposait, dut être considérée comme ayant réellement une valeur égale et comme valide devant Dieu. C'est encore là notre croyance. Car les prérogatives de l'Eglise sont aujourd'hui ce qu'elles ont toujours été ; si donc elle a le devoir d'exiger du pécheur une satisfaction, elle possède également le pouvoir d'y substituer d'autres œuvres satisfactoires. C'est précisément cette substitution qui constitue ce que les catholiques entendent par *indulgences.*

Nous sommes, par là même, conduits à donner

une forme historique à nos recherches sur le fondement de cette croyance et de cette pratique ; car on ne peut déterminer les limites et l'étendue d'un pouvoir, sans en examiner les antécédents, l'emploi qui en fut fait par ceux qui en furent les premiers revêtus, et par ceux auxquels ils le transmirent. Celui-ci était renfermé dans la mission que les apôtres reçurent de Jésus-Christ de remettre et de retenir les péchés. En effet, si le pouvoir qui leur fut confié en cette circonstance les institue juges souverains, et si le péché entraîne avec lui l'obligation de satisfaire à Dieu, il en résulte que l'étendue de cette obligation est nécessairement du ressort du tribunal institué. Personne ne peut nier que ce pouvoir n'ait eu son application durant les premiers siècles ; personne n'essaiera de prouver qu'on n'exigeait alors aucune satisfaction, que les pasteurs ne se croyaient point obligés d'imposer une longue suite d'œuvres pénitentielles comme châtiment dû au péché. Ainsi donc, puisque l'Eglise, dans les anciens temps, crut qu'il était de sa compétence de veiller à l'accomplissement de la satisfaction due pour le péché, qu'elle s'attribua et exerça, en vertu de la mission qu'elle avait reçue, le droit d'exiger une entière et sévère expiation, il nous reste à voir si elle ne fit point un pas de plus, si elle ne s'attribua point aussi le droit et le pouvoir de relâcher quelque chose de la rigueur de ces pénitences, sans en diminuer la valeur, et à rechercher le fondement sur lequel elle s'appuyait pour agir ainsi.

Car, si nous parvenons à établir que cette subs-

titution d'une peine moins forte, ou la remise
totale de la pénitence imposée se faisait en considération des mérites et des souffrances des
serviteurs de Dieu, et que cette commutation ou
rémission était regardée par tous comme valide,
nous aurons suffisamment prouvé que les indulgences étaient dès lors en usage, et qu'elles
étaient fondées sur les mêmes motifs que de nos
jours. La précision scolastique du moyen âge a
bien pu employer des termes mieux définis, et
classifier le tout sous des formes plus distinctes
et plus claires. Mais la doctrine quant à la subs-
tance, est la même ; elle a seulement partagé la
destinée de toute autre doctrine, en passant par le
polissage de l'esprit humain qui a débarrassé le
dogme de ce qu'il pouvait y avoir de vague et de
mal défini dans sa terminologie. « C'est sans
doute — c'est une remarque très fine du cardinal
Wiseman — pour ce motif que la divine Provi-
dence a placé cette école de théologie si profonde
dans ses recherches, et si rigoureuse dans son
expression, entre la simplicité de foi des temps
anciens, et le scepticisme et le dévergondage
d'opinions des temps modernes. »

Entrons maintenant dans l'examen des preuves
de cette doctrine qui forme le complément de
ce qui est enseigné touchant le pouvoir de l'Eglise
de remettre les péchés. Car, le tribunal qui peut
décharger le pécheur de sa culpabilité et substituer à sa dette une satisfaction infiniment plus
petite, doit jouir *a fortiori* de la faculté de modi-
fier de nouveau ou mieux de commuer les peines
qu'il a imposées.

Le Nouveau Testament semble nous fournir un exemple remarquable de ce pouvoir rendu pratique. Dans sa première épître aux Corinthiens, saint Paul ne se contente pas d'adresser des reproches sévères à un membre de cette église qui était tombé dans une faute scandaleuse, mais il lui inflige des peines très graves. Voici ses paroles : « Pour moi, absent de corps mais présent d'esprit, j'ai déjà jugé, comme si j'étais présent, celui qui a commis un tel attentat. Au nom de Notre-Seigneur Jésus, vous tous réunis et moi en esprit au milieu de vous, avec la puissance de Notre-Seigneur Jésus, qu'un tel homme soit livré à Satan pour la mort de la chair afin que l'esprit soit sauvé au jour du Seigneur Jésus (1). »

La lecture attentive de ce texte donne lieu à plusieurs observations. D'abord, nous y voyons appliquée une peine très sévère, *le pécheur est livré à Satan*. Nous ne savons pas au juste ce qu'il faut entendre par là.

Selon les uns, le sens littéral de ces mots est que le pécheur était condamné à la possession du démon, comme dans l'exemple des pourceaux de l'Evangile ; les autres l'expliquent dans le sens d'une maladie grave ; d'autres y voient simplement une sentence d'excommunication.

En second lieu, cette peine, quelle qu'elle fût était un remède destiné à ramener le pécheur et,

______

(1) « Ego quidem absens corpore, præsens autem spiritu, jam judicavi ut præsens eum qui sic operatus est.

In nomine Domini nostri Jesu Christi, congregatis vobis et meo spiritu, cum virtute Domini nostri Jesu.

Tradere hujusmodi Satanæ in interitum carnis, ut Spiritus salvus sit in die Domini nostri Jesu Christi. » I *Cor.*, v, 3-5.

par la mortification de la chair, à préserver son
âme d'une peine éternelle.

Le châtiment infligé eut le résultat que l'Apôtre
avait sans doute prévu, et tel, certainement, qu'il
devait le désirer. Le malheureux pécheur en con-
çut une douleur si vive, qu'elle fit craindre qu'il
ne tombât dans le désespoir. La sentence fut donc
révoquée avec des circonstances du plus haut
intérêt pour la question qui nous occupe. Il paraît,
par la seconde épître de saint Paul à la même
Eglise, que les Corinthiens n'attendirent point sa
réponse à cet égard, ou s'ils l'attendirent, qu'il
avait remis à leur discrétion et à leur charité le
soin de conduire et de décider l'affaire, car il leur
écrit à ce sujet : « Il suffit à cet homme qu'il ait
subi la correction qui lui a été imposée par votre
assemblée ; et vous devez plutôt le traiter maintenant avec indulgence et le consoler, de peur
qu'il soit accablé par un excès de tristesse. C'est
pourquoi je vous prie de lui donner des preuves
de charité. Et c'est pour cela même que je vous
ai écrit afin de vous éprouver et de reconnaître
si vous êtes obéissants en toutes choses. Ce que
vous accorderez à quelqu'un par indulgence, je
l'accorde aussi. Car si j'use moi-même d'indulgence, j'en use à cause de vous, et en Jésus-
Christ(1). » Dans ce passage, saint Paul fait encore
allusion à la sévérité de la peine infligée en ce

(1) Sufficit illi, qui ejusmodi est, objurgatio hæc quæ fit a pluribus,
ita ut e contrario magis donetis et consolemini, ne forte abundantiori
tristitia absorbeatur qui ejusmodi est.
Propter quod obsecro vos, ut confirmetis in illum caritatem.
Ideo enim et scripsi, ut cognoscam experimentum vestrum, an in
omnibus obedientes sitis.
Cui autem aliquid donastis et ego, nam et ego quod donavi, si quid
donavi, propter vos in persona Christi. (II Cor., II, 6-10.

qu'elle l'avait été publiquement par le ministère des fidèles. Il prie donc ceux-ci de pardonner à cet homme et de le consoler, et il ajoute qu'il a déjà confirmé la sentence qu'ils ont prononcée ou qu'ils vont prononcer. Il est donc clair qu'il ne s'agit pas ici d'un acte de ministère relatif à la rémission d'un crime, car un pareil acte n'est pas au pouvoir du troupeau.

Mais il ressort également du texte que la durée du châtiment est abrégée, et la première sentence rappelée avant son entière exécution ; et cela en conséquence de la douleur extraordinaire manifestée par le pénitent, que l'on considérait comme l'équivalent de ce qui lui restait à accomplir. C'est là précisément ce que nous appellerions une indulgence, ou la remise de la peine enjointe par l'Eglise, comme compensation offerte à la justice divine. Il faut bien aussi que l'on regardât cette remise de la peine comme parfaitement valable devant Dieu. Car le châtiment avait été infligé pour le salut de cette âme ; et n'aurait-on pas mis ce salut en danger, si le même effet n'eût point été assuré, malgré la remise de la pénitence.

Après cet exemple frappant, consigné dans l'Ecriture, nous ne serons pas surpris de voir l'Eglise s'attribuer, dans les premiers siècles, et exercer un pouvoir semblable. Elle dut naturellement imiter les Apôtres en imposant, comme eux, des châtiments temporels, puis en les remettant, ou en les modifiant. Pour mieux entendre sa pratique en ce point, il est nécessaire de se faire quelque idée de la pénitence canonique.

Depuis le temps des Apôtres, l'usage était que

ceux qui étaient tombés en certaines fautes graves, en fissent l'aveu public. Ils devaient ensuite se soumettre à une pénitence publique aussi et que l'on appelait canonique. Ces pénitents, comme nous l'apprenons par Tertullien et par d'autres auteurs anciens, se couvraient de vêtements noirs et grossiers, et si c'étaient des femmes, on leur coupait les cheveux. Le premier jour de carême, ils se présentaient, au milieu de l'assemblée des fidèles, devant l'évêque ou le prêtre président, qui leur mettait des cendres sur la tête, coutume conservée dans l'Eglise, et qui a fait donner à ce premier jour de pénitence le nom de mercredi des cendres. La durée de la pénitence variait, suivant la gravité de l'offense ; quelquefois elle n'était que de quarante jours ; d'autres fois, de trois, sept et dix ans ; pour certains crimes énormes, elle n'avait d'autres limites que la vie du pécheur. Pendant qu'il y restait soumis, tout plaisir lui était défendu ; il occupait son temps à la prière et aux bonnes œuvres, pratiquant un jeûne rigoureux, ne se rendant qu'aux jours de fête à l'église, où il rejoignait les pénitents de sa classe, d'abord demeurant prosterné devant la porte, puis admis dans l'intérieur du temple, au bout d'un certain intervalle, mais toujours exclu de l'assistance à une partie des mystères, jusqu'à ce qu'il eût atteint le terme prescrit à la satisfaction.

Il y a de sérieuses raisons de croire, que dans la plupart des cas, l'absolution précédait l'imposition de cette pénitence, ou tout au moins qu'elle était accordée pendant son accomplissement, de sorte que la satisfaction suivait en tout ou en partie l'absolution sacramentelle. L'Eglise de Rome et plusieurs autres, avaient pour coutume d'admettre tous les ans les pénitents à la communion le Jeudi Saint ; chose impossible si le pardon leur avait été refusé jusqu'à la fin de la pénitence canonique. Innocent I, saint Jérôme et le concile d'Agde célébré en 506, font mention de cet usage. Cependant quoique l'Eglise attachât l'importance la plus haute aux observances canoniques, elle se réservait le droit de les mitiger dans des circonstances données, c'est ce que nous allons expliquer.

Un vif regret, une ferveur extraordinaire, manifestés par le pénitent, étaient regardés comme un motif suffisant de lui remettre une partie de sa peine. Le concile de Nicée portait sur ce point les prescriptions suivantes : « Dans tous les cas, on doit considérer les dispositions et le caractère du repentir. L'évêque peut user d'indulgence envers ceux qui, par une sainte frayeur, par leurs larmes, par leur patience, par leurs bonnes œuvres, montrent la sincérité de leur conversion, après qu'ils auront passé un certain temps, et qu'ils commenceront à communiquer avec les fidèles dans les prières ; mais non envers ceux dont l'indifférence est manifeste, et qui croient qu'il leur suffit de pouvoir entrer dans l'église. Ceux-ci devront parcourir toute la période de la pénitence (1). » Saint Basile dit aussi : « Celui qui a le pouvoir de lier et de délier peut abréger le temps de la péni-

____

(1) *Licebit episcopis humanius circa eos* (ceux qui mènent une vie plus fervente) *aliquid cogitare* ; — quant aux autres : *Isti omnimodo tempora statuta complebunt.* Can. 12.

tence (1). » Et le concile de Lérida : « Qu'il soit au pouvoir de l'évêque d'abréger la réparation des pénitents réellement contrits, ou de tenir les négligents plus longtemps séparés du corps de l'Eglise. »

Le concile d'Ancyre (314) dans son canon 2, après avoir établi la peine pour les diacres tombés, ajoute : « Nous décrétons que les évêques, après avoir examiné la conduite et la vie (des pénitents), aient le pouvoir d'agir avec indulgence envers eux, ou de prolonger la durée de la pénitence. Mais surtout qu'ils examinent leur vie antérieure et subséquente, et qu'ainsi ils les traitent avec douceur (2). »

L'approche d'une persécution était un autre motif qui portait l'Eglise à abréger la durée des épreuves canoniques, parce que les pénitents auraient alors l'occasion de témoigner leur repentir au milieu d'épreuves d'un autre genre, et qu'on jugeait prudent de les fortifier avant le péril par la participation aux prières de l'Eglise et par la réception de la sainte Eucharistie. Telle était la pratique de l'Eglise, au rapport de saint Cyprien. « Celui qui a donné la loi, dit ce Père a promis que ce que nous lions sur la terre serait lié dans le ciel et que ce que nous délions sur la terre, serait aussi délié dans le ciel. Or, ce n'est pas aux infirmes, mais à ceux qui sont pleins de santé, que la paix de la réconciliation est néces-

---

(1) *Ep. can. ad Amphiloch.*

(2) ...« Nisi forte at qui episcoporum conscii sint laboris eorum et humilitatis et mansuetudinis, et voluerint iis aliquid amplius tribuere vel adimere, penes ipsos ergo erit de his potestas. » Cf. can. s.

saire ; ce n'est pas aux mourants, mais à ceux qui sont pleins de vie qu'on doit l'étendre ; afin que ceux que nous excitons au combat, ne restent pas dépourvus d'armes, mais soient fortifiés par le corps et le sang du Christ. Car, l'effet de la sainte Eucharistie étant de communiquer des forces à ceux qui la reçoivent, nous ne devons pas priver de ce secours ceux que nous voulons mettre en garde contre l'ennemi (1). »

La même indulgence était accordée aux pénitents en danger de mort, comme on le voit par les décrets du concile de Carthage : « Lorsqu'un pécheur demande à être admis à la pénitence, que le prêtre, sans distinction de personnes, enjoigne ce que les canons prescrivent. On admettra plus difficilement ceux qui montrent de la négligence. Si quelqu'un, après avoir, d'après le témoignage des autres, imploré le pardon, se trouve dans un danger de mort imminent, qu'il soit réconcilié par l'imposition des mains, et qu'il reçoive l'Eucharistie. S'il survit, qu'on l'informe qu'il a été accédé à sa demande, et qu'il soit alors soumis aux règles ordinaires de la pénitence, aussi longtemps que le jugera à propos le prêtre qui a prescrit la pénitence. » Ces paroles du concile nous montrent d'abord que la pénitence canonique devait être continuée après l'absolution et l'admission à l'Eucharistie, que son objet, par conséquent, était de satisfaire pour le péché déjà remis ; et ensuite que l'Eglise se croyait compétente pour la mitiger par indulgence ; car cette pénitence,

____

(1) Ep. LVII.

après le rétablissement du malade,ne devait point
être accomplie dans sa rigueur, le prêtre appor-
tant telle modification qu'il jugeait convenable.
Et le pape Innocent Ier confirme cette loi de discipline : « Il est du devoir du prêtre, écrit-il, de
bien connaître la gravité des péchés, avant de
juger ; il examinera donc la confession du pénitent et les signes de son repentir ; et il le déliera
après qu'il en aura exigé une satisfaction convenable. Mais, s'il y a danger de mort, il devra l'absoudre avant la Pâque, de peur qu'il ne meure sans
recevoir la communion. »

Saint Augustin nous fait connaître un autre
motif pour lequel on adoucissait quelquefois la
rigueur des pénitences publiques.

C'était lorsque des personnes jouissant d'une
légitime influence auprès des pasteurs de l'Eglise
intercédaient pour le pécheur repentant.De même,
dit-il, que les prêtres n'implorent point sans succès la pitié des magistrats civils en faveur des
criminels condamnés, ainsi ils admettent de leur
côté les bons offices des magistrats qui s'interposent en faveur des pécheurs soumis à la pénitence (1).

Mais venons au motif principal de cette indulgence ou de ces mitigations, le plus anciennement
admis, peut-être, dans l'Eglise, et celui qui renferme plus exactement en soi tous les principes
sur lesquel on base l'Indulgence.

Lorsque les martyrs, ou ceux qui étaient sur le
point d'être couronnés et qui avaient déjà attesté

---

(1) Ep. ad Maced., 153.

par leurs souffrances leur amour pour Jésus-Christ, étaient confinés dans les prisons, les malheureux chrétiens qui, après une chute déplorable, avaient été soumis à la pénitence, recouraient à leur médiation, et munis de la recommandation écrite de l'un de ces généreux confesseurs de la foi, ils se présentaient aux pasteurs de l'Eglise qui les admettaient à la réconciliation, et leur remettaient en même temps le reste de la pénitence.

Tertullien, dont l'autorité, comme témoin de la discipline primitive, est si grande, est le premier à faire mention de cette pratique en deux circonstances bien diverses, qui impriment à son témoignage un cachet tout particulier. Dans la première, avant sa chute, il approuve cet usage. Car, après avoir exhorté les confesseurs de Jésus-Christ à se conserver dans un état de paix et dans la communion de l'Eglise, il poursuit ainsi : « Quelques-uns, dans l'Eglise, n'ayant point cette paix, ont coutume de l'implorer des martyrs dans les fers : c'est pourquoi vous devez la posséder vous-mêmes, l'entretenir et la conserver en vous, afin que vous puissiez au besoin l'accorder aux autres (1). »

On voit ici que Tertullien parle de la coutume sans la réprouver. Mais, après qu'il se fut écarté de la foi véritable pour embrasser l'austérité fanatique des disciples de Montan, il reprochait sévèrement cette pratique à l'Eglise comme un abus, et, en même temps, il en exposait le principe en termes plus clairs : « Qu'il suffise au martyr

---

(1) « Pax vestra bellum est illi (diabolo). Quam pacem quidam in ecclesia non habentes martyribus in carcere exorare consueverunt. Et ideo eam etiam propterea in vobis habere, et fovere, et custodire debetis, ut si forte et aliis præstare possitis. « *Ad Martyr...* C. A.

d'avoir expié son propre péché ; c'est la marque d'un esprit orgueilleux de prodiguer pour les autres ce que l'on a obtenu pour soi à si haut prix. » Puis s'adressant au martyr : « Si vous êtes pécheur vous-même, comment l'huile de votre lampe suffira-t-elle pour vous et moi (1) ? » La croyance de l'Eglise que Tertullien réprouve de la sorte, nous apparaît clairement dans ces paroles. Les martyrs substituaient l'efficacité de leurs souffrances à la pénitence que l'on mitigeait grâce à leur intercession, et l'on pouvait entrer avec eux en communion de mérites.

Mais nul témoignage n'égale celui de saint Cyprien au ive siècle. Pour mieux comprendre l'enseignement de l'illustre évêque africain, il faut le replacer dans le milieu où il se produisit.

La persécution de Décius avait été pour le christianisme l'une des plus fortes épreuves qu'il eût subies jusqu'alors. Trente années de paix avaient amené un certain relâchement dans la discipline. En l'absence de tout péril, les conversions s'étaient multipliées, mais la sincérité n'en égalait pas le nombre. Il devait résulter d'une situation si favorable à d'autres égards, que beaucoup de chrétiens, peu affermis dans leurs croyances, ne résisteraient pas à la craint du supplice, et que la

(1) At tu (Zephyrine) jam et in martyres tuos effundis hanc potestatem ut quisque ex consensione (confessione) vincula induit adhuc mollia, in novo custodiæ nomine, statim ambiant mœchi, statim adeunt fornicatores, jam preces circum sonant, jam lacrymæ circum stagnant maculati cujusque ; nec ulli magis aditum carceris redimant, quam qui ecclesiam perdiderunt. An qua temeritate et possessione martyris qui permittit homini donare, quæ Deo reservanda sunt ? Sufficit martyri propria delicta purgasse. Ingrati et superbi est in alios quosque spargere, quod pro magno fuerit consecutus. Quis alienam mortem sua solvit nisi Dei Filius ? Si vero peccator es, quomodo oleum faculæ tuæ et tibi et mihi poterit ? (De Judic. c. 22).

persécution les trouverait irrésolus et pusillanimes. En effet, l'apostasie vint mêler ses ombres aux gloires du martyre, et saint Cyprien, après que la tempête eut passé sur l'Eglise, retraça de cette désertion lamentable un tableau, sans doute, un peu poussé au noir, mais exact dans son ensemble. Toutefois, il y avait dans ces chutes, dans ces apostasies des degrés divers de culpabilité. Les uns sacrifiaient aux idoles ou leur offraient de l'encens : c'était un acte d'idolâtrie manifeste, on les appelait *sacrificati* ou *thurificati*. Les autres éludaient l'édit impérial au moyen d'une transaction ; ceux-ci se présentaient devant le magistrat, pour déclarer qu'en leur qualité de chrétiens ils ne pouvaient sacrifier aux idoles ; par contre, ils offraient de l'argent afin qu'on les exemptât d'un acte illicite. Soit avarice, soit humanité, le magistrat se contentait d'une déclaration qui tournait à son profit, tout en le dispensant de sévir. Dans ce cas, ils recevaient en retour un petit écrit ou *libelle,* portant qu'ils avaient rempli les prescriptions de l'édit impérial. De là le nom de *libellatici* donné à ceux qui recouraient à ces certificats de paganisme. De pareils billets s'obtenaient également par un intermédiaire, sans que l'on fût tenu de se présenter en personne. Quelquefois même le magistrat, gagné à prix d'argent, se bornait à inscrire tel ou tel chrétien sur la liste des apostats en lui donnant acte d'une déclaration fictive. A coup sûr, on ne pouvait justifier aux yeux de la foi une pareille conduite. D'autre part, ces subterfuges, si coupables qu'ils fussent, ne devaient pas être assi-

milés à une profession d'idolâtrie explicite et posi-
tive. Il y avait là des différences notables dont il
fallait tenir compte pour proportionner la satisfaction à la faute.

Cela posé, quelle conduite devait-on tenir à
l'égard de ceux qui avaient failli dans la foi pendant la persécution ? Car, il était facile de le pré-
voir, le péril une fois éloigné, ils demanderaient
à rentrer dans le giron de l'Eglise et à obtenir le
pardon de leurs fautes. C'est ce qui arriva en effet.
En pareilles conjonctures, il s'agissait d'éviter
avec soin deux extrêmes également fâcheux. Fer-
mer aux coupables la voie du retour, c'était les
jeter dans le désespoir par une sévérité outrée ; les
admettre à la communion sans pénitence suffi-
sante, c'était affaiblir l'horreur de l'apostasie et
amener dans la discipline un relâchement irrémé-
diable. Dès le commencement de la persécution, le
clergé de Rome, avec cette sagesse qui a toujours
distingué l'Eglise mère et maîtresse de toutes les
autres, avait indiqué à celui de Carthage le seul
parti qui pût concilier à la fois les droits de la
justice et les devoirs de la charité. Suivant le
collège des prêtres qui administrait l'Eglise ro-
maine pendant la vacance du Saint-Siège, il fallait
exhorter les apostats à la pénitence et différer leur
réconciliation jusqu'au rétablissement de la paix.
Alors l'on délibérerait sur leur sort dans des conciles particuliers, en se réglant d'après la culpabilité de chacun pour proportionner l'expiation à la
faute. Toutefois, afin de ne pas mettre en péril le
salut des âmes, l'on ferait une exception pour ceux
qui, se trouvant en danger de mort, confesseraient

leur crime sans avoir eu le temps d'accomplir la pénitence prescrite. L'évêque de Carthage adopta pleinement cette règle de conduite. A son tour, il voulait qu'on s'abstînt de rendre les apostats à la communion des fidèles, avant que l'Eglise eût recouvré la paix ; les malades seuls devaient jouir de ce bénéfice, dans le cas où ils donneraient des marques de repentir non équivoques. Mais Cyprien se heurta à des hommes impatients et emportés, indociles, et qui n'étaient pas fâchés de chercher querelle au vieux pontife, afin de satisfaire certaines rancunes. Cette affaire des *laps* allait susciter une controverse ardente, dans laquelle est engagée la question de l'*Indulgence*.

Nous avons déjà vu quels étaient sur ce point le sentiment et la pratique de l'Eglise primitive. Ceux qui avaient eu le malheur de tomber pendant la persécution allaient trouver les confesseurs de la foi dans les cachots et sollicitaient d'eux, avec larmes, un billet de recommandation ou d'indulgence — *libellum pacis* — à l'aide duquel ils espéraient obtenir plus vite leur réconciliation.

L'Eglise tenait grand compte de cette prière des martyrs ; et quand les pénitents étaient bien disposés d'ailleurs, elle abrégeait pour eux la durée des peines canoniques. On jugeait, et avec raison, en se fondant sur le dogme de la communion des saints, que les satisfactions surabondantes des martyrs pouvaient être légitimement appliquées à ceux en faveur desquels ils intervenaient, et suppléer ainsi à l'imperfection d'une pénitence restée incomplète. Mais en tout cas, cette relaxation des peines canoniques, ou cette indulgence, ne dispensait pas le pécheur de toute expiation personnelle ; et, de plus, elle ne pouvait émaner que de l'Evêque seul juge en pareille matière. C'est sur ce point que de graves abus s'étaient glissés dans l'Eglise d'Afrique.

Mais, soit par un vain désir de popularité, soit par un esprit d'opposition contre Cyprien, la faction des prêtres guidée par Novat ne craignit pas de procéder immédiatement à la réconciliation des apostats, au lieu de consulter l'évêque et d'attendre que les pécheurs eussent donné des marques suffisantes de repentir. Quant aux martyrs, plusieurs d'entre eux, cédant un à élan de générosité imprudente, octroyaient des lettres de recommandation — *libellos pacis,* — à tous ceux qui en demandaient, sans examiner la gravité de leur faute ni la sincérité de leurs dispositions.

Quelques-uns même, ne se bornant pas à une simple requête, accordaient la paix de leur propre autorité, ce qui était un empiètement manifeste sur les droits de l'évêque. Il y avait de ces billets conçus en termes généraux : « Qu'un tel soit admis à la communion avec les siens, » — *communicet ille cum suis* — ; de manière qu'une seule personne pouvait en présenter vingt ou trente autres, comme ses parents ou ses serviteurs. A leur insu et contre leur intention, ce zèle inconsidéré des confesseurs de la foi venait en aide aux consciences et aux maximes relâchées du parti de Novat. Bref, le désordre était à son comble dans l'Eglise de Carthage. Cyprien éleva alors la voix ; et dans une lettre adressée à son clergé, il flétrit la conduite des prêtres qui, au mépris de l'autorité de leur évêque, s'étaient arrogé le pouvoir de dispenser les apostats d'une pénitence nécessaire (1).

Mais en voulant éviter un excès, le grand évêque de Carthage ne s'est pas laissé entraîner dans un autre. Cyprien n'était pas un de ces esprits violents et extrêmes qui, comme Luther, ne savent pas distinguer un abus d'un usage légitime, et qui finissent par détruire ce qu'ils prétendaient réformer. Fidèle à la doctrine catholique, il admettait parfaitement que l'Eglise a le droit de relâcher de sa rigueur envers les coupables, et de leur remettre soit une partie, soit la totalité des peines temporelles dues au péché, en leur appliquant les satisfactions surabondantes de Jésus-Christ et des saints.

Il avait une idée trop exacte de la communion des saints et du pouvoir judiciaire de l'Eglise pour s'élever contre un principe qu'a méconnu l'hérésie protestante. « Ceux qui ont reçu un libelle des martyrs, écrivait-il au sujet des malades, peuvent être aidés auprès du Seigneur par ce secours, par cette prérogative (2). » Mais il estimait en même temps et avec raison, que si les indulgences accordées par l'autorité compétente suppléent à la faiblesse du pécheur, elles ne le dispensent nullement de faire pénitence, et qu'il faut d'ailleurs,

---

(1) *Ep. IX aux prêtres et aux diacres de Carthage.*

(2) Ep. xii, au clergé de Carthage : *Qui libellos a martyribus acceperunt et præceptis eorum* apud Deum *adjuvari possunt.*

Ep. xiii, au même clergé : *Qui libellum a martyribus acceperunt et auxilio eorum adjuvari* apud Dominum *in delictis suis possunt.*

Qu'on remarque bien ces mots, *apud Deum, apud Dominum,* ils montrent que dans la pensée de saint Cyprien, l'indulgence remet les peines temporelles, non seulement devant l'Eglise, mais encore devant Dieu.

pour les gagner, certaines dispositions sans lesquelles ces faveurs n'obtiennent pas leur effet. C'est dans ce sens qu'il écrivit aux martyrs et aux confesseurs de la foi. Il consent bien, sur leur requête, à remettre aux apostats pénitents une partie de la punition infligée par la discipline de l'époque, mais il veut que les martyrs, de leur côté, y apportent de la circonspection, afin que l'indulgence ne soit accordée qu'à ceux qui ont déjà commencé à réparer leur faute :

« Je vous en conjure, leur écrit-il, par toutes les prières dont je suis capable, souvenez-vous de l'Evangile, et les yeux fixés sur les martyrs vos prédécesseurs, qui agissaient en toutes choses avec tant de sollicitude et de discernement, pesez comme eux toutes les demandes.

« Amis de Dieu et destinés par la suite à juger le monde avec lui, examinez bien l'acte, les œuvres et les mérites de chacun ; considérez la nature et la qualité des fautes, de peur que des promesses irréfléchies de votre part, et de la nôtre une précipitation blâmable, ne couvrent de confusion notre Eglise à la face des gentils eux-mêmes... Tout peut rentrer dans l'ordre, si vous pesez avec une religieuse attention les demandes qui vous sont adressées, habiles à discerner et à écarter ceux qui, sous un nom supposé, viennent chercher dans vos bienfaits une grâce pour leurs amis et pour euxmêmes le prix d'un trafic honteux. Je recommande un dernier point à votre scrupuleuse exactitude, c'est de désigner nominativement ceux pour lesquels vous sollicitez la paix. Des billets, m'a-t-on dit, sont conçus en ces termes : « La communion à un tel avec les siens. » Les martyrs n'ont jamais usé d'une formule indécise, vague et si propre à soulever dans la suite la haine contre nous. En effet, ces mots « La communion à un tel avec les siens », se prêtent à une extension illimitée. On pourra nous présenter vingt, trente personnes, davantage même, en nous assurant que ce sont les parents, les alliés, les affranchis et les serviteurs de celui qui a reçu le billet. Je vous en conjure donc, désignez par leur nom les individus que vous voyez de vos yeux, que vous connaissez, dont *la pénitence vous semble approcher de la satisfaction,* par là vous nous adresserez des lettres conformes à la foi et à la discipline (1). »

C'est ainsi que saint Cyprien s'efforçait de réprimer les abus qui s'étaient glissés dans la concession des indulgences. De cette manière la rémission des peines canoniques ne devait s'obtenir qu'autant qu'il y avait un commencement de satisfaction ; l'indulgence devenait le complément de la pénitence, bien loin de la remplacer ; et l'Eglise usait de miséricorde sans se départir d'une juste sévérité.

Je me suis étendu un peu longuement sur cet épisode de l'histoire ecclésiastique, car il est caractéristique, et il nous montre dans la pratique et dans la discipline une contre-épreuve de la doctrine de l'Eglise.

Il reste donc acquis que l'ancienne Eglise relâchait de la rigueur des pénitences, en considération des martyrs qui s'interposaient, et qui sem-

---

(1) Ep. x., *aux martyrs et aux confesseurs.*

blaient prendre sur eux la peine encourue par les pénitents d'après les institutions canoniques. La pratique produisit sans doute un abus ; nous venons d'entendre saint Cyprien s'en plaindre vivement ; mais il n'a pas contesté une seule fois le principe lui-même ; il admet, au contraire, qu'il faut agir, dans tous les cas, d'après ce principe.

Encore un pas, et la ressemblance sera complète entre les anciennes indulgences et les indulgences actuelles. Les exemples que nous avons rapportés ont principalement pour objet une diminution de peine, et non une commutation : ce qui semble former le caractère spécial des indulgences, telles qu'on les pratique maintenant. Quoique la diminution de la peine et la substitution d'une autre peine plus légère soient au fond la même chose, puisqu'elles ne sont toutes les deux qu'une mitigation de forme différente, nous pouvons cependant appuyer notre doctrine sur ce dernier point du témoignage de l'antiquité. Le Concile d'Ancyre, que j'ai déjà cité, sanctionne expressément la commutation de la pénitence publique pour les diacres qui seraient tombés une seule fois et qui auraient ensuite persévéré. Plus tard, un autre concile permet qu'on substitue d'autres bonnes œuvres au jeûne, partie essentielle des anciennes pénitences, lorsqu'il s'agit de personnes auxquelles la santé trop fragile ne le permet pas ; et le vénérable Bède fait aussi mention de la même forme d'indulgence par commutation.

Quant aux indulgences, telles qu'on les pratique dans les temps modernes, elles ne sont pas autres que celles qu'on accordait dans les premiers siècles, à une seule différence près. La pénitence publique a disparu de l'Eglise, non qu'elle ait été formellement abolie, mais en conséquence du relâchement de la discipline et de la transformation des mœurs. Théodose de Cantorbery fut le premier qui introduisit la pratique de la pénitence secrète, et au viiie siècle, la pratique devint générale de substituer la prière, les aumônes et d'autres œuvres de charité, au cours rigoureux d'expiation prescrit dans les anciens temps. Ce ne fut pourtant qu'au xiiie siècle que la pratique de la pénitence publique tomba complètement en désuétude. Mais l'Eglise a toujours conservé le désir, quelque faibles que soient les chances de succès, de faire revivre la discipline et la ferveur des premiers siècles. C'est pourquoi elle n'a point aboli les anciennes injonctions, et ne leur a point formellement substitué d'autres pratiques ; elle préfère considérer celles-ci comme un adoucissement de ce qu'elle se croit encore autorisée à prescrire. L'unique différence entre l'ancienne et la nouvelle discipline consiste donc en ce que la mitigation ou la commutation est devenue la forme ordinaire de satisfaction que l'Eglise, bien qu'à regret, juge prudent d'exiger.

C'est là tellement l'esprit et la pensée de l'Eglise, qu'elle avait autrefois coutume, comme nous l'apprenons par une lettre du pape Alexandre III, à l'archevêque de Cantorbery, d'ajouter ces mots à la formule de concession d'indulgence : *pour la pénitence imposée,* voulant rappeler par là que l'indulgence se rapportait originairement à la pénitence canonique.

De toute cette discussion historique, il faut conclure que l'indulgence, telle qu'on l'accordait autrefois, et telle qu'on la pratique maintenant, repose sur ces principes communs : 1° Une satisfaction, autorisée et réglée par l'Eglise, est due à Dieu pour le péché remis ; 2° l'Eglise a le pouvoir de mitiger, d'abréger ou de commuer la pénitence qu'elle enjoint, et elle a toujours regardé ces mitigations comme valides devant Dieu qui les sanctionne et les accepte ; 3° les souffrances des saints, unies aux mérites de Jésus-Christ, sont un motif suffisant pour accorder ces mitigations ; 4° les indulgences, accordées à propos, et selon les règles de la prudence, conduisent au bien spirituel des fidèles.

On le voit, rien n'autorise à jeter le ridicule et le mépris sur une pratique qui se rattache à toute l'économie du christianisme et qui a ses racines dans le fond même de notre foi. Nier théoriquement les indulgences, c'est ne rien comprendre au *complexus* souple et harmonieux de nos dogmes ; les nier pratiquement, c'est se mettre en contradiction avec le mouvement, avec l'évolution sage, graduée et vivante de la pensée de l'Eglise traduite sous des formes diverses aux différentes époques de son histoire.

Aussi tout chrétien ne peut que s'incliner devant la décision du Concile de Trente : « La puissance de conférer les indulgences ayant été donnée à l'Eglise par Jésus-Christ, et l'Eglise ayant usé de cette puissance dès les premiers temps, le saint concile enseigne que l'usage des indulgences, très salutaire au peuple chrétien, et approuvé par l'autorité des conciles, doit être conservé, et le concile frappe d'anathème tous ceux qui prétendent, ou qu'elles sont inutiles, ou que la puissance de les accorder n'est pas dans l'Eglise (1). »

(1) Sess., xxv, *Contin. sess.*

CHAPITRE V

Le Jubilé.

L'une des institutions les plus originales du peuple juif, ç'a été *l'année jubilaire* — année d'allégresse, année réparatrice, qui, tous les cinquante ans, replaçait dans leur ancien état tous ceux des enfants d'Israël qui avaient été visités par l'infortune : «... Et vous sanctifierez l'année cinquantième, et vous annoncerez la rémission générale à tous les habitants du pays : *car c'est le Jubilé.*

« Tout homme rentrera dans ses possessions, et chacun retournera à sa première famille, parce que c'est le *Jubilé et la cinquantième année* (1). »

Il y avait là une loi dont les effets au point de vue économique et social étaient de la plus haute importance, et je n'ai point à m'arrêter en ce momoment sur ce côté de l'institution jubilaire. Mais c'était en même temps un type, une figure du Jubilé universel et perpétuel apporté aux hommes par l'Evangile.

Aussi n'y a-t-il rien d'étonnant que l'Eglise ait donné ce nom aux concessions libérales d'Indulgences, qu'elle accordait avec une solennité parti-

---

(1) ... Sanctificabisque annum quinquagesimum et vocabis remissionem cunctis habitatoribus terræ tuæ : *Ipse enim est Jubilæus.* Revertatur homo in possessionem suam et unusquisque rediet ad familiam pristinam : *Quia Jubilæus est quinquagesimus annus.* (Lev., xxv.)

culière à certaines périodes du temps. L'année
centenaire acquit peu à peu dans l'esprit des peuples quelque chose de sacré. Au retour du siècle
nouveau, le monde entier s'ébranlait et se mettait en marche vers Rome. Et si la croyance universelle qui attribuait à ce voyage séculaire les
plus grandes faveurs, ne présentait pas un témoignage assez incontestable au fondement sur lequel
elle reposait, le Pape Boniface VIII, qui gouvernait
l'Eglise en l'an 1300, ayant suivi d'un œil atten-
tif ce mouvement mystérieux, y vit à juste titre un
indice de la volonté du Ciel ; obéissant à ce signal
venu d'en haut, il sanctionna authentiquement
l'institution de « l'année sainte » qui devait désormais, de siècle en siècle, durer d'une solennité de
Noël à l'autre, et offrir une rémission plénière à
tous ceux qui rempliraient les conditions éta-
blies (1). La mémoire de ce jubilé illustre entre
tous reste à jamais marquée dans les vers immor-
tels du grand poète florentin (2).

Cependant, bien que l'année sainte eût déjà
reçu sa forme essentielle et définitive, elle ne portait point encore le nom par lequel, en se reliant
à des traditions plus antiques, elle allait devenir,
pour la suite des âges, une des institutions ecclésiastiques les plus populaires et la plus influente
de toutes pour la conversion des âmes. Le *Jubilé !*
Ce fut un pape français, Clément VI, qui à l'occa-

(1) Bulla *Antiquorum habet fida relatio.* Extrav. Comm. LV.
dit, IX.

(2)
    Come i Romani per l'esercito molto,
    L'anno del giubbileo su per lo ponte.
    Hanno a passer la gente molto colto,
    Che d'all'un lato tutti hanno la fronte.
    Verso il Castello...(*Div. Com. Inf.* Can. XVIII, 28-31.)

sion de l'an treize cent cinquante, introduisit ce mot dans le vocabulaire chrétien. La bulle *Unigenitus Dei filius,* qui est en quelque sorte la charte du Jubilé pour les chrétiens, comme le chapitre vingt-cinquième du *Lévitique* l'était pour les Juifs, doit être comptée parmi les plus magnifiques monuments de l'Eglise enseignante (1). Je l'ai déjà citée : toute la question théologique des indulgences y est largement traitée, et y est résolue avec cette ampleur de vues, avec cette majesté de langage qui n'appartiennent qu'au siège de Pierre.

S'autorisant des souvenirs de l'ancienne alliance, le pontife observe que « dans la loi mosaïque (loi que le Sauveur n'est pas venu abolir, mais accomplir spirituellement), ce n'était pas seulement le nouveau siècle, mais chaque cinquantième année qui procurait le Jubilé de la rémission et de la joie »; il ajoute que « le nombre quinquagénaire, consacré dans l'Ancien Testament par la promulgation du Décalogue, a été plus honoré encore dans le Testament nouveau par la venue de l'Esprit-Saint, et qu'à ce nombre se rattachent de grands et nombreux mystères des Ecritures »; enfin il veut « faire participer plus de chrétiens à cette faveur extraordinaire, la brièveté de la vie humaine empêchant le plus grand nombre de voir la centième année: par ces causes et plusieurs autres, il statue que la présente concession de l'Indulgence séculaire sera dorénavant ramenée au Jubilé de chaque cinquantième année ». La

(1) *Extrav. roman.,* I. V. tit. IX.

religion de Jésus-Christ eut donc désormais son Jubilé, comme l'avait eu la religion de Moïse, avec les avantages immenses qui distinguent l'esprit de la loi nouvelle de l'esprit de l'ancienne loi.

Plus tard, pour proportionner encore davantage cette faveur aux limites de notre vie mortelle, les Souverains Pontifes ont abaissé le terme de cinquante ans à celui de trente-trois d'abord, qui est le nombre des années de Jésus-Christ, puis enfin au terme de vingt-cinq ans. Le nom de *Jubilé* n'en rattache pas moins cette institution à l'antique institution de la cinquantième année ; et les écrivains ecclésiastiques ont observé que l'année quinquagénaire semblait être, plus rigoureusement encore que les autres, une année *jubilaire,* et que Dieu se plaisait à la bénir par des effusions de grâce plus abondantes.

L'année jubilaire est caractérisée par des traits particuliers : œuvres à accomplir en temps de Jubilé ; privilèges spéciaux, facultés plus étendues accordés en temps de Jubilé aux ministres du sacrement de Pénitence. Ce sont là des questions d'ordre pratique, et dont l'étude ne rentre pas dans le cadre de ce travail.

Un dernier mot sur les effets du Jubilé, que j'emprunte à une conférence du cardinal Wiseman : « Je me trouvais à Rome, dit-il, lorsque le vénérable Pontife Léon XII ouvrit et ferma l'année sainte. J'ai vu des myriades de pèlerins affluant dans toutes les parties de la ville. J'ai remarqué leurs vêtements déchirés, leurs corps épuisés de fatigue ; je les ai vus remplir, la nuit, les couvents et les hôpitaux, reposer sur des lits que la charité des citoyens leur fournissait ; je les ai vus, pendant leur repas, servis par des princes et des prélats, et par le Souverain Pontife lui-même ; — mais les trésors entassés dans les coffres romains, je ne les ai pas vus. J'ai entendu parler des bénédictions abondantes remportées par les pèlerins, des larmes de gratitude, que notre charité leur tirait au départ ; — mais de joyaux offerts aux châsses, d'or jeté dans le sein des prêtres, je n'en ai point entendu parler.

« J'ai appris que les fonds des institutions de charité avaient été épuisés ; que de lourdes dettes avaient été contractées pour subvenir aux frais de l'hospitalité, et si, malgré cela, le gain et le profit ont été pour la cité catholique c'est apparemment qu'elle compte s'être amassée dans le ciel un riche trésor de bénédictions : car c'est là seulement qu'elle a désiré que la mémoire de ses actes, en cette circonstance, fût conservée. Direz-vous que l'entreprise de ces hommes était folle et vaine, qu'ils s'imaginaient obtenir la rémission de leurs péchés par une excursion à la cité sainte, et en négligeant leurs devoirs domestiques ? Je voudrais que vous eussiez vu les multitudes assemblées pour entendre la parole de Dieu, non seulement dans les églises, trop petites pour contenir leurs auditoires mais sur les places et dans les carrefours ; je voudrais que vous eussiez vu la foule immense se presser à la porte de tous les confessionnaux et autour des autels pour participer aux divins mystères. Je voudrais que vous puissiez connaître combien de possessions mal acquises ont été restituées, combien de livres immoraux et irréligieux ont été détruits, combien de conversions de pécheurs endurcis datent de cette époque : peut-être alors comprendriez-vous pourquoi hommes et femmes entreprirent le pénible voyage ; peut-être seriez-vous convaincus que ce n'était point de l'indulgence pour le crime, de la facilité pour la perpétration du mal qu'ils cherchaient, et qu'on leur offrait dans cette pieuse solennité. »

Est-ce à dire que la pratique des Indulgences a été pure de tout abus, au moyen âge ou même dans les époques plus rapprochées de nous ? Non ; à coup sûr, de grands et fréquents abus sont nés de l'avarice, de la rapacité et de l'impiété de l'homme, surtout lorsque l'indulgence était publiée au profit de fondations religieuses ou charitables, où des motifs personnels venaient trop souvent se mêler. Mais nous pouvons dire que l'Eglise en a toujours gémi et que toujours elle a tenté d'y porter remède.

Ces abus furent sévèrement condamnés par Innocent III dans le Concile de Latran en 1139 ; par Innocent IV dans celui de Lyon, en 1254, et plus expressément, plus énergiquement encore, par Clément VI, au Concile de Vienne, en 1311. Le Concile de Trente, dans un décret étendu, dont nous avons cité une partie, réforma complètement les abus qui s'étaient introduits peu à peu en cette matière, et qui avaient si malheureusement servi de prétexte à Luther, pour opérer sa séparation de l'Eglise.

Enfin, de nos jours mêmes, le Saint-Siège a édicté les règles les plus sages, les plus précises et les plus fermes, pour prévenir tous les abus en ce qui concerne les Indulgences. Les décrets récents de la Sacrée Congrégation des Indulgences, approuvés le 10 août 1899 par Léon XIII, en font foi.

Que l'abus possible ne nous fasse pas méconnaître les bienfaits des Indulgences, et sachons mettre à profit le trésor qui nous est largement ouvert.

BIBLIOGRAPHIE

S. Thom. Suppl. q. 25-27.

Suarez. Dis. XLIX.

Lugo. Disp. XXVII.

Ballerini. Tom. V, de suffragiis et indulgentiis.

Lehmkul. Theol. mor., n. 524-564.

Pesch. Prælect. dogm. Tom. VII.

Tanquerey. Synopsi theol. mor. Tom. I, chap. IV.

Cardinal Pie. Œuvres. Tom. III. Instruction sur le Jubilé.

Berteaud, év. de Tulle. Œuvres. Mandement sur les Indulgences.

Béringer. Les *Indulgences.* Trad. par Abt et Feerstein.

Lépicier. Les *Indulgences.* Traduit de l'anglais.

Decreta authentica S. Congreg. Indulgent. 1883.

TABLE DES MATIÈRES

1416-06. — Imp. des Orph.-App., F. BLETIT, 40, r. La Fontaine. Paris.

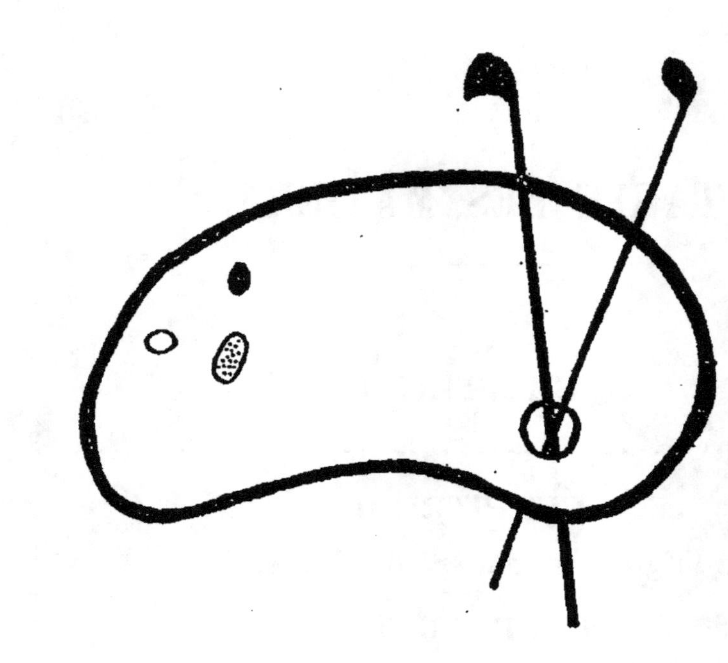